COMPRENDRE
LA LITTÉRATURE

ALEXANDRE DUMAS FILS

La Dame aux camélias

Étude de l'œuvre

ISBN 978-2-7593-0402-8 ©

Dépôt légal : Octobre 2019

SOMMAIRE

BIOGRAPHIE

ALEXANDRE DUMAS FILS

Alexandre Dumas fils naît le 27 juillet 1824 à Paris. Romancier et dramaturge français, il connaît surtout le succès avec son roman *La Dame aux camélias*, adapté au théâtre et reconnu mondialement. Fils d'Alexandre Dumas et de Catherine Laure Labay, une couturière qui était voisine de palier du célèbre auteur, Alexandre Dumas fils est d'abord déclaré enfant naturel, avant d'être reconnu tardivement par son père, à l'âge de 7 ans. Il aura entre-temps beaucoup souffert de cet apparent désintérêt de son père et nourrira pour lui un ressentiment profond.

En 1833, Alexandre Dumas fils est placé en pension, où il fait la connaissance d'Edmond de Goncourt. De 1839 à 1841, il est élève au collège royal Bourbon, mais il abandonne ses études après avoir échoué au baccalauréat. Âgé de 18 ans, Alexandre Dumas fils commence à mener une vie dissolue, qu'il partage avec des courtisanes. Grâce à l'argent de son père, il mène une vie mondaine insouciante à Paris, mais se retrouve bientôt criblé de dettes. En 1842, il commence à vendre ses premiers textes en vers à la revue *La Chronique*. Ceux-ci seront réunis en 1847 dans un recueil intitulé *Péchés de jeunesse*.

À la même époque, Dumas fils écrit son premier roman, *Fabien*, que son père propose à plusieurs journaux. Tous le refusent, et le roman paraît finalement en volume en 1847, sous le titre *Aventure de quatre femmes et d'un perroquet*. En 1848 paraît *La Dame aux camélias*. Le roman est inspiré de l'histoire d'amour tumultueuse entre Alexandre Dumas fils et la courtisane Marie Duplessis, qui eut lieu entre 1844 et 1845. *La Dame aux camélias* fut écrit en l'espace de trois semaines, trois mois après la mort de Maris Duplessis. Le roman reprend le thème romantique de la courtisane désabusée qui connaît soudain l'amour et qui sacrifie tout pour lui, avant de laisser son amant la quitter pour rejoindre une vie rangée et acceptable. *La Dame aux camélias* connaît un grand succès et établit la carrière littéraire d'Alexandre Dumas fils. Encouragé par ce succès, Dumas fils écrit *Diane de Lys* (1851), qui reprend les mêmes thèmes que *La Dame aux camélias* et qui bénéficie d'un bon accueil. Ses autres romans, parmi lesquels *Antonine* (1849), *Trois hommes forts* (1850) ou encore *Le Régent Mustel* (1852), connaissent un succès plus modeste. L'auteur publiera aussi une série de feuilletons historiques dans *La Gazette de France*. Réunie sous le titre collectif *Les Quatre restaurations*, la série comprend les œuvres *Tristan le Roux* (1849), *Henri de Navarre* (1850) et *Les Deux frondes* (1851). Seul le premier volet de cette série est publié en volume, et le quatrième tome ne paraîtra jamais.

En 1852, Alexandre Dumas fils connaît son premier triomphe en tant que dramaturge avec l'adaptation au théâtre de *La Dame aux camélias*, qu'il parvient à faire représenter après s'être longtemps battu contre la censure de Léon Faucher, ministre de l'Intérieur de l'époque. Fort du succès prolongé de la pièce, Dumas fils se consacrera dès lors presque exclusivement à la scène. En 1853, *La Dame aux camélias* est transcrit en opéra par Guiseppe Verdi, sous le titre *La Traviata*. L'œuvre de Dumas fils devient mondialement célèbre.

L'auteur est devenu le représentant d'un nouveau type de drame : un mélange entre le romantisme et l'observation sociale. En défenseur des jeunes filles et des enfants naturels, Dumas écrit de nombreuses pièces sur le sujet, les plus marquantes étant *Le Fils naturel* (1858) et *Un père prodigue* (1859). Dans la Préface du *Fils naturel*, Dumas fils prône un « théâtre utile ». Dans *Le Demi-monde* (1855), le dramaturge s'essaie à la comédie de mœurs. Mais il s'étend surtout sur des drames à portée sociale et à visée critique, comme dans *L'Ami des femmes* (1864), *Une visite de noces* (1871), *La Femme de Claude* (1873) ou encore *L'Étrangère* (1876).

L'auteur s'attaque à des thèmes tels que le divorce, la séduction, le concubinage, le proxénétisme ou l'adultère. Ses critiques contre la manière dont la société traite les femmes délaissées ou les enfants illégitimes l'amènent à être considéré comme un auteur à scandales. En 1872, il soutient l'association de *L'Émancipation progressive de la femme* et écrit pour elle *La Question de la femme*, qui sera interdit au colportage dès l'année suivante.

Très proche de George Sand, Alexandre Dumas fils lui rend souvent visite à Nohant et, en 1864 adapte au théâtre son roman *Le Marquis de Villemer* (1860), qu'il fait jouer à l'Odéon. De la même manière, Dumas fils adapte les romans de son père : *La Jeunesse de Louis XIV* est jouée en 1874.

En 1860, une fille naît de sa liaison avec la princesse russe Nadine Narychkine. Celle-ci est alors mariée, mais au décès de son époux en 1864, Alexandre Dumas fils reconnaît leur fille et se marie avec Nadine. Une deuxième fille naîtra de cette union en 1867. Le 5 décembre 1870, Alexandre Dumas père meurt dans la villa de son fils, à Puys, où il s'était installé après un accident vasculaire. En 1874, à 50 ans, Alexandre Dumas fils est élu à l'Académie française.

Dumas fils est aussi l'auteur d'un certain nombre de brochures à caractère théorique. Paraît ainsi *L'Homme-femme* (1872), *La Question du divorce* (1880) ou encore *La Recherche de la paternité* (1883). Les questions posées dans ses textes seront souvent reprises dans ses lettres ou ses préfaces.

En 1895, Nadine Dumas meurt. Alexandre Dumas fils a 69 ans. Deux mois après la mort de Nadine, il épouse Henriette Escalier, sa maîtresse depuis plusieurs années.

Le 27 novembre 1895, Alexandre Dumas fils meurt dans sa propriété de la « maison Champflour », à Marly-le-Roi. Il est inhumé au cimetière de Montmartre à Paris.

PRÉSENTATION DE LA DAME AUX CAMÉLIAS

La Dame aux camélias est un roman écrit par Alexandre Dumas fils et publié en 1848 chez Cadot. Racontant l'histoire d'amour malheureuse entre Armand Duval et Marguerite Gautier, le roman s'inspire de l'expérience personnelle de l'auteur et de sa liaison passionnée avec la courtisane Marie Duplessis, qui dura de septembre 1844 à août 1845. Peu après la mort de la jeune femme, Alexandre Dumas fils part s'installer à Saint-Germain-en-Lay, à l'Auberge du Cheval Blanc, où il rédige *La Dame aux camélias* en l'espace de trois semaines. Le roman est l'occasion pour Dumas fils de se placer du point de vue de la courtisane et de réhabiliter son image. Considérée au XIX\e siècle comme superficielle, vénale par nature et sans cœur, la femme entretenue est dépeinte par l'auteur comme une victime de la société bourgeoise. Marguerite aime Armand d'un amour sincère et est prête à tout sacrifier pour lui, mais le rejet de la société bien-pensante, pleine de préjugés, la force à tout perdre. *La Dame aux camélias* relance en littérature et, surtout, au théâtre, la figure de la courtisane amoureuse, déjà dépeinte par Victor Hugo dans *Marion de Lorme* (1831) ou par Balzac dans *Splendeurs et misères des courtisanes* (1838). *La Dame aux camélias* est transposé au théâtre par Alexandre Dumas fils le 2 février 1852, avant d'inspirer un opéra à Verdi. *La Traviata*, joué pour la première fois en 1853, bénéficiera d'un succès retentissant. Associant romantisme et observation sociale, *La Dame aux camélias* contribua à renouveler l'esthétique théâtrale du XIX\e siècle en donnant naissance à la comédie de mœurs.

RÉSUMÉ DE L'OEUVRE

Chapitre 1

Le narrateur affirme la réalité de l'histoire qu'il s'apprête à raconter, dont les personnages existent et vivent encore, mis à part l'héroïne. Il explique que cette histoire a commencé lorsqu'il est tombé sur l'affiche d'une vente de meubles, suite au décès de leur propriétaire. Le narrateur se rend à la vente et découvre l'appartement richement décoré d'une femme aisée. Il comprend qu'il se trouve chez une courtisane. La personne qui habitait ici s'appelait Marguerite Gautier.

Chapitre 2

Le narrateur songe avec pitié au destin malheureux de Marguerite, qu'il connaissait un peu. Il se souvient d'une femme très belle et d'une élégance remarquable. Elle allait souvent au théâtre et l'on trouvait toujours trois choses dans sa loge : sa lorgnette, un sac de bonbons et un bouquet de camélias. On la surnommait la Dame aux camélias. Elle vivait, depuis trois ans, avec un vieux duc étranger, qui voyait en elle le fantôme de sa fille, morte de la maladie qui affligeait aussi Marguerite. Ils entretenaient une relation chaste, le duc éprouvant pour Marguerite un amour de père. Après quelques temps passés à Bagnères, Marguerite revint à Paris et ressentit aussitôt l'envie de se mêler à la vie dissipée à laquelle elle était habituée. Lorsque le duc apprit que Marguerite recevait des visites pendant qu'il était absent, il fut d'abord sous le choc, mais finit par accepter que la jeune femme vive comme elle l'entendait, du moment qu'il lui soit permis de continuer à la voir.

Chapitre 3

Le jour de la mise en vente de l'appartement, le narrateur

se rend sur les lieux. Il y a beaucoup de monde, une foule éclectique s'est réunie. Un exemplaire de Manon Lescaut avec un message écrit sur la première page attise la curiosité du narrateur, qui surenchérit jusqu'à l'acquérir. La note, signée Armand Duval, ne dit que ces quelques mots : « Manon à Marguerite, humilité. » Le narrateur s'interroge sur le sens de ce message.

Chapitre 4

Une fois la vente terminée et les dettes de la défunte payées, le reste de l'argent est remis à une sœur et à un petit-neveu de Marguerite. Le temps passe et le narrateur commence à oublier cette histoire, jusqu'au jour où un homme se présentant comme étant Armand Duval frappe à sa porte. En proie à une grande émotion, le jeune homme demande au narrateur s'il accepterait de lui céder l'ouvrage de Manon Lescaut qu'il a acheté à la vente. Le narrateur insiste pour rendre à Armand le livre sans que celui-ci ait à lui rembourser ce qu'il a payé pour l'obtenir. Armand le remercie et lui fait lire la dernière lettre qu'il a reçue de Marguerite, où elle dit le pardonner. Le narrateur tente de le consoler et Armand promet qu'ils se reverront un jour et qu'il lui racontera l'histoire de Marguerite.

Chapitre 5

Dans les jours qui suivent, le narrateur interroge ses amis pour tenter d'en savoir plus sur Marguerite et Armand. Il apprend qu'ils sont restés en couple pendant cinq ou six mois, qu'ils s'aimaient beaucoup et qu'Armand a dépensé tout ce qu'il avait pour elle. Le narrateur se rend au cimetière Montmartre où Marguerite est enterrée et découvre que sa tombe est fleurie de camélias blancs. Armand a payé le jardinier pour les renouveler dès qu'elles se fanent. Le jardinier donne au narrateur l'adresse d'Armand, mais lui apprend qu'il est en voyage chez la sœur de Marguerite pour obtenir l'autorisation de faire déplacer la tombe de la jeune femme, un simple prétexte pour la revoir une dernière fois. Le narrateur se rend chez Armand et lui laisse un message lui demandant de lui rendre visite dès son retour. Le lendemain, il reçoit une lettre d'Armand qui le prie de passer chez lui.

Chapitre 6

Le narrateur se rend chez Armand et le trouve au lit. Il est fiévreux mais doit se lever dans deux heures pour aller au commissariat de police et faire exhumer Marguerite. Il demande au narrateur s'il accepterait de l'accompagner. Armand a aussi vu Julie Duprat, l'amie de Marguerite, qui lui a remis le journal que la défunte a laissé pour lui. Le lendemain matin, le narrateur accompagne Armand au cimetière. Lorsque Marguerite est exhumée et que son visage horriblement émacié par la mort est dévoilé, Armand est pris de faiblesse. Le narrateur le ramène chez lui, le met au lit et appelle le médecin. Celui-ci annonce qu'Armand a une fièvre cérébrale.

Chapitre 7

Pendant les quinze jours de la convalescence d'Armand, le narrateur reste à ses côtés, et ils se lient d'une forte amitié. Un soir, Armand décide de raconter au narrateur l'histoire de sa rencontre avec Marguerite.

Armand avait croisé Marguerite Gautier plusieurs fois, et chaque fois il avait été saisi de la même intense émotion qui l'avait paralysé et qu'il ne s'expliquait pas. Un soir, alors qu'il est à l'Opéra, un ami lui propose de les présenter. Armand approche Marguerite conscient qu'elle n'est qu'une simple femme entretenue, mais intimidé malgré tout. Devant les plaisanteries de Marguerite, Armand se sent gêné et préfère prendre rapidement congé. Après le spectacle, il suit la jeune femme pour découvrir où elle habite. Après quinze jours sans la voir, Armand demande des nouvelles de Marguerite à un ami, qui lui apprend qu'elle est malade. La jeune femme part à Bagnières et Armand cesse presque complètement de penser à elle, mais il finit par la croiser, au théâtre, et est effaré de constater les traces de la maladie sur son visage.

Chapitre 8

Le spectacle commence et chacun s'assoit dans sa loge. Après avoir observé un moment Marguerite, Armand discute avec Prudence Duvernoy, une ancienne femme entretenue reconvertie dans le commerce de mode et qui lui dit être la voisine de Marguerite. Armand demande s'il serait possible pour Prudence de le faire inviter chez Marguerite. Prudence lui explique alors la situation complexe de Marguerite avec le duc. À la fin de la pièce, Armand propose à Prudence de la raccompagner chez elle, tandis que Marguerite repart avec le duc venu la chercher. Armand et son ami Gaston montent chez Prudence, qui leur explique qu'elle a l'habitude de passer quelques heures avec Marguerite, le soir. Celle-ci l'appelle justement depuis la fenêtre. Prudence demande à Armand et Gaston de partir, mais ceux-ci refusent : ils voudraient aller chez Marguerite avec elle. Prudence explique la situation à Marguerite, qui accepte qu'ils viennent.

Chapitre 9

Arrivés chez Marguerite, Prudence présente Armand à la

jeune femme, qui a tout oublié de leur première rencontre deux ans plus tôt. Armand lui apprend qu'il lui a souvent rendu visite pour s'enquérir de sa santé, durant le temps de sa convalescence, et Marguerite est touchée par sa générosité. Marguerite propose à ses invités de rester souper avec elle. En remerciement pour avoir pris de ses nouvelles lorsqu'elle était malade, Marguerite accepte qu'Armand vienne la voir de temps en temps. Le souper se passe dans la légèreté et la bonne humeur, jusqu'à ce que Marguerite, à force de rire, soit prise d'une quinte de toux. Elle se lève et part se réfugier dans son cabinet de toilette. Malgré les recommandations de Prudence de la laisser seule, Armand part la rejoindre.

Chapitre 10

Armand est bouleversé de voir Marguerite dans un tel état de faiblesse. La jeune femme tente de le rassurer en lui disant qu'il n'y a, de toute façon, rien à faire pour elle. Armand essaie de la convaincre de cesser sa vie dissolue pour tenter de se soigner. Marguerite répond que les femmes comme elle ne peuvent changer de vie, que tout le monde l'abandonnerait et qu'elle se retrouverait seule. Armand promet qu'il resterait à ses côtés, tous les jours. Il lui avoue son amour et son dévouement pour elle. Marguerite le met en garde : ils peuvent être amis, se voir souvent, mais il ne doit pas l'aimer, car elle le ruinerait. Armand lui avoue alors le trouble qu'elle lui a causé la première fois qu'il l'a vue, il y a trois ans, et la manière dont elle est restée dans ses pensées depuis. Marguerite finit par accepter de lui rendre un peu de son amour, à condition qu'il la laisse libre de faire ce que bon lui semble, et qu'il ne lui pose pas de questions. Armand accepte et Marguerite lui demande de revenir le lendemain soir.

Chapitre 11

Armand passe la nuit et la journée du lendemain dans une grande fébrilité. Il passe de l'impatience au doute alors qu'il s'imagine bientôt rejoindre Marguerite. Arrive enfin l'heure du rendez-vous et Armand se rend chez elle. Marguerite le reçoit, mais elle semble préoccupée par quelque chose. Elle lui explique qu'elle s'est sentie malade toute la journée et qu'elle a la migraine, mais refuse toutefois qu'il s'en aille. Quelqu'un sonne alors à la porte : il s'agit du comte de N…, un prétendant que Marguerite ne cesse de repousser, mais qui revient toujours à la charge. Marguerite le congédie sans ménagement, avant de s'agacer à voix haute de ces hommes qui ne la laissent pas en paix. Armand est pris de pitié en entendant cela. Prudence arrive et confie à Armand qu'il a plu à Marguerite, qui lui a posé un tas de questions sur lui. Quand Marguerite sort de son cabinet de toilette, Prudence lui remet les six mille francs que la jeune femme l'a envoyée récupérer auprès du duc, puis elle s'en va et Marguerite se met au lit, avant d'inviter Armand à s'asseoir auprès d'elle.

Chapitre 12

À cinq heures le lendemain matin, Marguerite annonce à Armand qu'il doit partir, parce que le duc ne va pas tarder à arriver. Juste avant qu'il ne la quitte, elle lui avoue l'aimer un peu, elle aussi, et accepte de lui laisser la clef de son appartement, ce qu'elle n'a jamais fait avec aucun autre homme. Armand déambule dans les rues en savourant son nouveau bonheur et en songeant comme il est plus difficile, en définitive, de gagner l'amour d'une courtisane. Le lendemain, Armand reçoit un mot de Marguerite qui lui demande de venir le rejoindre au vaudeville le soir même. Armand se rend au théâtre et voit Marguerite dans sa loge. Elle est accompagnée de Prudence et du comte de G…, un homme dont les rumeurs disent qu'il est à l'origine de la fortune de Marguerite. La jeune femme invite Armand à la rejoindre pendant que le comte est parti lui acheter des bonbons. Elle lui demande de ne pas être jaloux et Armand se résout à accepter de lui laisser ses habitudes.

Chapitre 13

À la demande de Marguerite, Armand est allé directement chez Prudence après le vaudeville. Celle-ci lui explique qu'il doit attendre que le comte de G… ait quitté Marguerite avant de pouvoir la rejoindre. Cela met Armand en colère, mais Prudence lui explique que le comte a donné beaucoup d'argent à Marguerite et qu'il lui en donne encore : elle n'a d'autre choix que de lui faire plaisir. Prudence conseille à Armand de se satisfaire d'avoir une belle maîtresse et de ne pas avoir à dépenser un sou, parce que cela ne pourra pas aller plus loin avec Marguerite, dont le train de vie est trop luxueux pour lui. Elle explique que c'est ainsi que les femmes entretenues vivent : il leur faut plusieurs amants à la fois pour soutenir leur train de vie. Pour autant, il est certain que Marguerite l'aime, puisqu'elle est prête à mettre son confort en danger pour l'avoir comme amant. Marguerite les appelle enfin et tous trois soupent ensemble, puis Prudence s'en va et les laisse tous les deux. Armand passe la nuit auprès de Marguerite et repars le lendemain. Plus tard, il reçoit un billet de Marguerite qui lui annonce qu'elle est souffrante et ne pourra le recevoir ce soir-là. Armand pense aussitôt être trompé et en est bouleversé. Il décide d'aller vérifier chez Marguerite et, lorsque le soir arrive, voit le comte de G… entrer chez elle. Cela lui cause une souffrance terrible.

Chapitre 14

Armand prend la décision de rompre avec Marguerite avant qu'elle ne le fasse souffrir plus encore. Il lui écrit une lettre où il annonce son intention de retourner auprès de son père. Il fait porter la lettre et attend toute la journée de savoir si elle va lui répondre. Il déambule dans Paris avec l'espoir de la croiser quelque part. Armand finit par rencontrer son ami Gaston, qui lui dit que Marguerite était à l'Opéra. Gaston sait qu'Armand est devenu l'amant de Marguerite, et l'en félicite. Armand passe la nuit à regretter son geste. Tout lui dit que l'amour de Marguerite pour lui doit être sincère, et il s'en veut de l'avoir rejetée avec tant de méchanceté. Le lendemain, Armand rencontre Prudence, qui est au courant de la rupture. Armand apprend que Marguerite a traité sa lettre avec légèreté et qu'elle en a ri, il se sent humilié. Prudence lui dit que c'est pour le mieux, car Marguerite l'aimait vraiment, mais tout en sachant qu'elle avait tort de le faire. En rentrant chez lui, Armand envoie une lettre d'excuse à Marguerite où il lui demande de le pardonner.

Chapitre 15

Le soir est venu et Armand n'a reçu aucune réponse de Marguerite, il se résout donc à préparer son voyage. C'est alors que Prudence et Marguerite apparaissent à sa porte. Marguerite annonce à Armand qu'elle lui a pardonné et qu'elle voulait le lui faire savoir avant son départ. Marguerite lui répète qu'elle l'aime sincèrement, et lui dit que sa lettre lui a fait beaucoup de peine. Elle croyait qu'il pourrait être différent des autres, un confident, qui comprendrait et serait moins égoïste, la traiterait avec plus de dévouement que les autres hommes. Cette lettre lui a prouvé qu'elle s'était trompée sur lui. Armand lui assure qu'il a compris tout cela, qu'il l'aime et qu'il sera prêt à tout pour elle. Il lui demande de déchirer la lettre et de le laisser rester auprès d'elle. Marguerite rend la lettre à Armand et il la déchire en morceaux.

Chapitre 16

Le train de vie d'Armand change et il lui devient difficile, avec la maigre rente qu'il tient de son père, de suivre l'accumulation de petites dépenses que ses sorties avec Marguerite occasionnent. Il commence à jouer, à la fois pour renflouer ses poches et pour ne pas penser à ce que peut faire Marguerite quand il n'est pas avec elle. Armand est parvenu à imposer à Marguerite des habitudes plus saines qui commencent à faire leur effet sur sa santé. Marguerite s'habitue à ce nouveau train de vie qui la fait se sentir en meilleure forme. Elle a cessé de voir le comte de G…, ne reste plus que le duc pour empêcher Armand de vivre son amour au grand jour. Un jour de beau temps, Marguerite propose qu'ils partent passer la journée à la campagne. Prudence les accompagne. Alors qu'ils passent devant une jolie maison à louer, Marguerite propose de demander au duc de la lui louer, ainsi ils pourront venir y passer quelques jours.

Chapitre 17

Le lendemain, Marguerite passe la journée à la campagne avec le duc. À son retour, elle annonce à Armand qu'elle a non seulement obtenu la maison à louer, mais aussi un petit appartement tout proche où Armand pourra s'installer pour plus de discrétion. Armand s'efforce de faire taire ses scrupules à tromper ainsi le vieux duc, et se montre ravi. Ils s'installent à la campagne et, peu à peu. Marguerite et Armand se mettent à passer de plus en plus de temps ensemble. Un jour, Prudence annonce à Marguerite que le duc est au courant de sa liaison avec Armand, et qu'il exige qu'ils se séparent. Prudence tente de faire entendre raison à Marguerite : elle a besoin de l'argent du duc et Armand est trop pauvre pour tenir le rythme de ses dépenses. Mais Marguerite refuse de cesser de voir Armand. Elle l'aime et refuse de se cacher plus longtemps. À partir de ce moment, Armand et Marguerite commencent une vie plus simple, et heureuse, à la campagne. Lorsque des lettres du duc lui parviennent, Marguerite les donne à Armand sans les lire. Le duc supplie Marguerite de le laisser revenir dans sa vie, et malgré sa pitié pour le vieil homme, Armand déchire toutes les lettres.

Chapitre 18

Il arrive à Marguerite d'exprimer de l'inquiétude quant à l'avenir, et de se sentir coupable des dépenses qu'elle cause à Armand. Elle correspond avec Prudence par lettres, et chaque fois qu'elle reçoit des nouvelles de son amie, cela semble la plonger dans l'anxiété. Un jour, Prudence part avec la voiture de Marguerite et ne la ramène pas. Armand est intrigué. En cherchant les lettres de Prudence, il s'aperçoit que tous les écrins à bijoux de Marguerite sont vides. Sous prétexte d'aller répondre aux lettres de son père, Armand retourne à Paris et va trouver Prudence. Celle-ci lui avoue que les chevaux de Marguerite et ses bijoux ont tous été vendus pour rembourser une partie de ses dettes. Prudence explique que Marguerite lui a défendu de révéler la vérité à Armand ou de lui demander de l'argent. Prudence lui fait la morale pour avoir eu la naïveté de croire qu'ils pourraient vivre ainsi éternellement sans que les problèmes matériels ne les rattrapent. Armand veut emprunter l'argent qui manque pour rembourser les dettes de

Marguerite. Prudence lui déconseille de se ruiner ainsi, elle lui suggère de laisser Marguerite reprendre ses riches amants, qui seront ravis de rembourser ses dettes pour elle. Armand refuse cette solution : il empruntera et remboursera les dettes de Marguerite, mais Prudence ne devra rien lui en dire.

Chapitre 19

Armand se rend chez lui où il trouve des lettres de son père. Ce dernier a appris son changement de vie et lui annonce qu'il va venir lui rendre visite. À son retour auprès de Marguerite, Armand tente de cacher sa visite à Prudence, mais Marguerite l'a fait suivre et est déjà au courant. Armand lui avoue qu'il sait la vérité et demande à Marguerite pourquoi elle lui a caché ses ennuis financiers. Marguerite répond que son amour pour lui est sincère et pas vénal, et qu'elle ne voulait pas qu'il en doute. Armand lui assure qu'il veut la voir heureuse et refuse qu'elle doive faire des sacrifices pour lui, pour lesquels elle finirait par lui en vouloir. Marguerite réplique qu'elle ne veut pas qu'il la considère comme une femme entretenue, elle veut laisser cette vie-là derrière elle, payer ses dettes et apprendre à vivre simplement auprès d'Armand. Ils retournent à Paris et se mettent en quête d'un appartement plus modeste. Ils passent la journée à visiter des appartements et à s'occuper de la vente des meubles de Marguerite. Armand apprend alors que son père est arrivé à Paris et l'attend chez lui.

Chapitre 20

Armand retrouve son père qui, le visage grave, lui annonce qu'il a entendu parler de sa conduite, et que sa vie scandaleuse avec une femme comme Marguerite déshonore leur nom. Il lui annonce qu'il lui faut la quitter, car Armand ne peut songer à s'établir durablement avec une femme qui ruinera sa réputation. Son père demande à Armand de venir passer quelques jours chez lui, lui assure qu'il oubliera Marguerite et qu'il le remerciera, plus tard, de l'avoir empêché de faire une bêtise qu'il aurait regrettée le reste de sa vie. Mais Armand refuse obstinément de quitter Marguerite.

Chapitre 21

Sur les conseils de Marguerite, Armand passe les jours suivant à tenter de revoir son père pour se réconcilier avec lui. M. Duval finit par lui laisser une lettre où il l'invite à venir le rejoindre à seize heures le lendemain, car il a des choses importantes à lui dire. Ce message laisse Marguerite dans une grande inquiétude, elle semble craindre de ne plus revoir Armand. Le jeune homme part retrouver son père qui, à son grand soulagement, lui annonce qu'il a réfléchi et admet qu'il a exagéré la gravité de sa relation avec Marguerite. Son père tente de le convaincre de rester avec lui jusqu'au lendemain, mais Armand est pressé de retrouver Marguerite et refuse.

Chapitre 22

Armand rentre chez eux, mais Marguerite n'est pas là. La domestique lui annonce qu'elle est partie pour Paris une heure après lui. Armand sent l'inquiétude le gagner. Il attend plusieurs heures le retour de Marguerite et, ne la voyant pas revenir, finit par décider de partir à pied pour Paris. Il arrive chez la jeune femme, mais l'appartement est vide. Prudence n'est pas chez elle non plus, le portier lui remet cependant une lettre, écrite par Marguerite et qui lui est adressée. Dans cette lettre, Marguerite lui annonce que tout est fini entre eux,

qu'elle aura bientôt un autre amant et que lui doit repartir auprès de sa famille et l'oublier. Bouleversé, Armand ne sait où
se tourner et finit par se rendre chez son père. Arrivé devant
lui, il s'écroule dans ses bras et se met à pleurer.

Chapitre 23

Le père d'Armand prend les dispositions nécessaires pour
le faire quitter Paris et rentrer avec lui. Prostré par le chagrin,
Armand le laisse faire sans broncher. Il passe un mois chez
son père, enfermé dans sa tristesse. Un jour, il décide qu'il lui
faut revoir Marguerite une dernière fois. Il annonce à son père
devoir rentrer à Paris pour régler une affaire. À son retour à
Paris, Armand se rend sur les Champs Élysées dans l'espoir
de la croiser. Il rencontre Marguerite alors qu'elle descend
de sa voiture, qu'elle a rachetée. Voyant qu'elle vit à nouveau dans le luxe et semble heureuse, Armand se sent blessé
dans son amour-propre : elle l'a donc quitté par simple intérêt
financier. Il se jure de lui faire payer la souffrance qu'elle
lui a causé. Armand se rend chez Prudence et feint d'avoir
complètement tourné la page et de ne plus éprouver qu'indif-
férence pour Marguerite. Prudence explique que Marguerite
est de nouveau la maîtresse du comte de N... qui a remboursé
ses dettes. Armand rentre chez lui le cœur plein de rage et de
douleur. Toujours décidé à se venger de Marguerite, il se rend
à un bal où il est sûr de la trouver. Armand trouve Marguerite
en train de danser avec le comte de N... Il décide de faire la
cour à Olympe, la maîtresse de maison, dans le but de faire
d'elle sa maîtresse.

Chapitre 24

Armand se rend chez Olympe. Il sait qu'elle a des problèmes

financiers, il lui propose six mille francs si elle accepte de devenir sa maîtresse. Olympe sait qu'il ne l'aime pas et n'agit ainsi que pour se venger de Marguerite, mais elle finit par accepter. Armand laisse le bruit se répandre dans Paris, il joue le rôle de l'amant amoureux en offrant à Olympe des cadeaux et des bijoux. Chaque fois qu'Armand croise Marguerite et voit sa pâleur et la tristesse de son expression, il s'en réjouit cruellement. Après une rencontre fortuite entre Marguerite et Olympe qui tourne à la confrontation, cette dernière demande à Armand d'écrire une lettre à son ancienne maîtresse pour lui demander de mieux respecter Olympe. Armand s'exécute et rédige un message plein de bassesses et d'insultes cruelles. Le lendemain, Armand reçoit une visite de Prudence. Celle-ci lui annonce avec colère que la lettre qu'il a envoyée à Marguerite l'a rendue si malade qu'elle est restée clouée au lit. Marguerite envoie son amie demander grâce à Armand, car elle ne se sent plus la force de supporter les attaques qu'il lui porte. Prudence demande à Armand de cesser de tourmenter Marguerite et lui dit qu'il aurait honte de sa conduite s'il pouvait voir dans quel état de faiblesse se trouve la jeune femme. Armand répond à Prudence que si Marguerite a quelque chose à lui dire, elle peut venir le voir. Le soir-même, Marguerite sonne à sa porte. Armand est secoué en la voyant si affaiblie. Marguerite lui demande d'avoir pitié d'une femme malade et triste comme elle. Elle lui explique qu'elle avait ses raisons pour le quitter, et qu'un jour il les comprendra et lui pardonnera. Alors que Marguerite s'apprête à partir, Armand sent tout son amour pour elle lui revenir et la supplie de rester. Marguerite, bouleversée par les sentiments qui l'assaillent, est prise de fièvre, et Armand l'étend dans son lit. Il passe la nuit auprès d'elle, et la laisse repartir au matin. Lorsqu'il veut retourner la voir et apprend qu'elle est avec le comte de N... la jalousie d'Armand s'éveille à nouveau. Il envoie à Marguerite un billet de cinq cents francs pour paiement de la nuit qu'elle a passée avec lui. Le soir-même, Armand apprend le départ de Marguerite pour l'Angleterre. Plus rien ne le retenant à Paris, il quitte à son tour la capitale pour un voyage en Orient. C'est durant ce voyage qu'il apprend la maladie de Marguerite. Il lui écrit alors une lettre dont la réponse a pu être lue par le narrateur plus tôt. Armand est rentré à Paris aussi vite qu'il a pu, pour apprendre la mort de Marguerite.

Chapitre 25

Armand termine son récit en expliquant qu'il ne reste plus au narrateur qu'à lire les lettres laissées par Marguerite à son amie Julie avant sa mort, pour connaître ce qu'il reste à savoir de cette histoire. Laissant Armand, épuisé, s'endormir, le narrateur lit les lettres. Il s'agit d'un journal où Marguerite raconte sa maladie jour après jour, s'adressant à Armand et lui répétant à quel point il lui manque et elle se sent seule. Marguerite avoue à Armand la raison de sa rupture avec lui : pendant qu'Armand attendait son père à Paris, elle a reçu une lettre de ce dernier qui désirait la rencontrer. Lorsque M. Duval vient la voir, il se montre d'abord méprisant et menaçant, mais lorsque Marguerite lui apporte les preuves qu'elle n'abuse pas de l'argent de son fils et que, au contraire, elle fait tout pour éviter d'être une charge trop lourde pour lui, il s'apaise. Il prend les mains de Marguerite et lui explique qu'il doit lui demander de sacrifier son amour pour Armand, pour que celui-ci ait un avenir et n'ait pas à souffrir des médisances. Le père d'Armand lui annonce aussi que sa fille doit se marier avec un homme qui a une bonne position, mais que celui-ci a menacé d'annuler le mariage si Armand ne cesse pas sa vie scandaleuse. Le cœur serré, Marguerite accepte de quitter Armand.

Chapitre 26

Marguerite raconte ensuite comment elle est retournée auprès du comte de N…, et comment elle a vécu le retour d'Armand à Paris. Elle acceptait chaque insulte qu'il lui faisait avec bonheur, car c'était pour elle la preuve qu'il l'aimait encore. Marguerite s'est mise à faire la fête plus que de raison et à mettre sa santé de plus en plus en péril, dans l'espoir de mourir vite et de mettre fin à sa solitude. Après avoir été chassée en Angleterre par le dernier outrage d'Armand envers elle, Marguerite est revenue à Paris et a cherché à renouer le contact avec ses anciens amants. Mais elle est malade, de plus en plus diminuée, et il y a des tas d'autres femmes plus belles qu'elle à Paris. Marguerite se retrouve abandonnée de tous, avec pour seule visite celle des créanciers qui ne cessent de revenir à la charge. Un jour, Marguerite reçoit une lettre du père d'Armand, qui a appris sa maladie. Il lui souhaite de vite se rétablir et lui envoie un homme chargé de lui remettre mille écus. Marguerite écrit, jour après jour, l'évolution de sa maladie, qui l'empêche de quitter sa chambre et la fait souffrir de plus en plus. Elle continue d'espérer revoir Armand avant de mourir. Ses amies et certains de ses anciens amants viennent à son chevet. Les dernières entrées du journal ont été écrites par Julie, et elle explique que Marguerite est délirante, qu'elle ne parle plus à part pour prononcer le nom d'Armand. Tous les proches de Marguerite l'ont abandonnée, y compris Prudence. Les créanciers attendent sa mort pour tout saisir. Un prêtre vient voir Marguerite. Elle meurt peu de temps après, dans une douloureuse agonie. Julie raconte finalement l'enterrement de Marguerite, où étaient toutes ses amies, ainsi que le comte de G… et le duc.

Chapitre 27

Le narrateur revient auprès d'Armand, qui explique que son père a confirmé les dires de Marguerite dans une lettre. Armand se remet rapidement de sa maladie. Le narrateur l'accompagne un jour chez Prudence, qui est ruinée et qui blâme Marguerite pour cela. Ils se rendent ensuite chez Julie, qui verse des larmes sincères au souvenir de son amie. Armand visite la tombe de Marguerite, puis part rendre visite à son père, insistant pour que le narrateur l'accompagne. Ce dernier est témoin de l'heureuse réunion entre Armand et sa famille. Il reste auprès d'eux quelque temps, puis revient à Paris, où il entreprend de rédiger cette histoire.

LES RAISONS
DU SUCCÈS

Le XIXe siècle est principalement marqué par le mouvement romantique, dont Hugo est l'un des principaux représentants avec des romans comme *Notre-Dame de Paris* (1831), *Les Misérables* (1862) ou encore *L'Homme qui rit* (1868). Apparu en 1820, le romantisme marque alors une rupture avec le classicisme. Le mouvement, qui prône une littérature centrée sur les sentiments des personnages et leurs états d'âme, est notamment soutenu par Chateaubriand (1768-1848), qui fait figure de précurseur avec ses *Mémoires d'outre-tombe*, publiées en 1850. Lamartine (1790-1869) lancera le mouvement romantique en France à proprement parler grâce à ses *Méditations poétiques*, publiées en 1820. On peut aussi citer Musset (1810-1857) avec sa *Confession d'un enfant du siècle*, parues en 1836, Alfred de Vigny (1797-1863) et *Cinq mars* (1826) ou Alexandre Dumas avec *Christine*.

De par son intrigue et ses personnages, *La Dame aux camélias* constitue clairement un drame romantique. Le personnage de Marguerite, tout particulièrement, est la représentation d'une femme aux valeurs remarquables. Elle est dépeinte comme une exception : une courtisane qui n'est pas insensible et vénale, mais qui fait preuve de sentiments sincères, capable de sens moral et de se sacrifier par amour. C'est une héroïne romantique victime de la société bourgeoise, de son égoïsme et de sa cruauté. Son caractère exceptionnel est souligné par le personnage d'Olympe, qui illustre pour l'auteur la « vraie » courtisane. L'auteur explique l'idéal féminin représenté par Marguerite en ces termes : « Je ne tire pas de ce récit la conclusion que toutes les filles comme Marguerite sont capables de faire ce qu'elle a fait, loin de là ; mais j'ai connaissance qu'une d'elles avait éprouvé dans sa vie un amour sérieux, qu'elle en avait souffert et qu'elle en était morte. J'ai raconté au lecteur ce que j'avais appris. C'était un devoir. Je ne suis pas l'apôtre du vice, mais je me ferai l'écho du malheur noble partout où je l'entendrai crier. L'histoire de Marguerite est une exception, je le répète ; mais si c'eût été une généralité, ce n'eût pas été la peine de l'écrire. » Dumas fils affirme ainsi le rôle de la littérature de présenter des héros dont la noblesse et la grandeur excèdent celles des hommes et des femmes ordinaires. Des héros en proie à une lutte intérieure tout autant qu'aux attaques d'une société qui ne veut pas les accepter ou les comprendre, et qui sont voués à une mort tragique. Marguerite possède cette dignité romantique, elle se sacrifie pour Armand et se voue à une vie malheureuse. Elle se jette dans une existence qui va la tuer peu à peu, poussée par le désespoir, mais résignée à l'idée d'avoir agi pour le mieux. Elle est disposée à laisser Armand la haïr pour le protéger du scandale, et c'est là que se situe sa supériorité morale.

La Dame aux camélias est, en outre, l'histoire d'un amour remarquable entre deux êtres venus de milieux opposés. Une union que la société réprouve et qu'elle va tout faire pour briser. Le récit évoque des sentiments passionnels exacerbés, dans une intrigue aux accents tragiques. *La Dame aux camélias* est le récit d'un amour malheureux et de deux amants qui sont les jouets du destin tout autant qu'ils sont victimes des règles de la société. Cette histoire d'un amour interdit, bref et qui se termine mal, ne peut que causer la sympathie et la pitié du lecteur pour ces amants en conflit avec la norme.

Le personnage d'Armand correspond aux codes du romantisme en ce qu'il est sans cesse en proie au même dilemme, entre son amour sincère et fort pour Marguerite et la jalousie qu'il ne peut s'empêcher d'éprouver, cette méfiance qui ne le quitte jamais tout à fait, à cause de ce que représente Marguerite. Armand est comme écartelé entre des sentiments contradictoires, entre amour pour la femme qu'il a appris à connaître et haine pour ce qu'elle représente aux yeux de la société.

La deuxième moitié du XIXe siècle voit l'émergence du mouvement réaliste en France. En réaction à la grandiloquence du romantisme, les auteurs expriment leur désir de ramener la littérature à quelque chose de plus vrai. Leurs romans deviennent alors le résultat d'une observation minutieuse de la vie réelle. Le réalisme a pour objectif d'étudier les mœurs d'un milieu en toute objectivité, allant parfois jusqu'à s'inspirer de faits divers. Les maîtres à penser de ce mouvement furent Flaubert (1821-1880), Stendhal (1783-1842) ou encore Guy de Maupassant (1850-1893). Honoré de Balzac est considéré comme le précurseur du réalisme, dont il a créé les principes fondateurs en écrivant les premiers romans de sa *Comédie humaine*. Dans cette œuvre colossale, où sont regroupés quatre-vingt-dix textes, il s'est attaché à recréer la société française de son époque. En 1830 paraît *Gobseck*, le premier roman des *Scènes de la vie privée*, qui constituent une étude de mœurs précise et détaillée, avec le souci de coller au plus près à la réalité. C'est cette obsession de la vraisemblance qui établira les bases du mouvement réaliste.

Lors de son adaptation au théâtre, *La Dame aux camélias* est qualifiée de comédie de mœurs, inaugurant ainsi un nouveau genre théâtral. C'est en effet à une étude de mœurs semblable à celle de Balzac dans sa *Comédie humaine* que Dumas fils s'essaie dans son roman. En plus d'être une histoire d'amour romantique, *La Dame aux camélias* étudie les relations entre des milieux sociaux opposés, ici, celui des courtisanes et celui des jeunes hommes faisant leur entrée dans la vie parisienne, en passant par celui des nobles qui dépensent volontiers leur argent pour entretenir leurs maîtresses. *La Dame aux camélias* donne une représentation fidèle du fonctionnement de la société bourgeoise de son époque, et de ses codes. Toutes les conventions sociales liées aux femmes entretenues sont évoquées, ainsi que la place qu'elles occupent dans la société. Celles de femmes-objets que l'on ne considère que d'un point de vue matériel, vouées à une vie légère et à être les compagnes d'hommes qui assureront leur confort, sans jamais réellement se soucier d'elles. *La Dame aux camélias* aborde aussi la vision du mariage au XIXe siècle et la place des femmes en général. Cette étude des mœurs parisiennes est à visée sociale, Dumas fils s'efforçant d'interpeller sur le statut des courtisanes et de provoquer l'empathie des lecteurs à leur égard. La mort de Marguerite n'est pas uniquement la fin tragique d'un personnage romantique, c'est aussi un moyen de faire oublier les fautes de l'héroïne et de permettre aux lecteurs de s'apitoyer sur son sort sans la condamner.

La Dame aux camélias possède aussi une intrigue réaliste : elle est située à Paris, et le récit comporte un certain nombre de repères géographiques précis, comme les Champs-Élysées, souvent évoqués, ou encore certaines rues ou certains lieux célèbres de Paris. De plus, le roman possède un caractère autobiographique confirmé par l'auteur lui-même. Le personnage d'Armand est inspiré d'Alexandre Dumas fils, alors que Marguerite Gautier n'est autre que la courtisane Marie Duplessis. Des personnages comme le duc ou Prudence Duvernoy ont eu pour inspiration des personnes réelles. Dumas fils explique la concordance entre Marie Duplessis et Marguerite Gautier en ces termes : « La personne qui m'a servi de modèle pour l'héroïne de *La Dame aux camélias* se nommait Alphonsine Plessis, dont elle avait composé le nom plus euphonique et plus relevé de Marie Duplessis. [...] En 1844, lorsque je la vis pour la première fois, elle s'épanouissait dans toute son opulence et sa beauté. Elle mourut en 1847, d'une maladie de poitrine, à l'âge de vingt-trois ans. »

À sa sortie, *La Dame aux camélias* connaît un succès populaire immédiat, et cela en dépit du petit scandale provoqué par les thèmes évoqués dans le roman et par la position prise par l'auteur. Ce dernier défend en effet l'honneur des courtisanes et met en cause la manière dont la société les perçoit, dans un roman suffisamment réaliste pour qu'une partie de ses lecteurs se sentent visés.

La Dame aux camélias attire particulièrement l'attention de la presse en 1852, lorsqu'est jouée sur scène pour la première fois la pièce adaptée du roman. Après s'être trouvé un certain temps en butte à la censure, Alexandre Dumas fils présente finalement un texte légèrement remanié, de manière à éviter le scandale. Le public est aussitôt conquis et la presse s'empare de ce succès retentissant. Dans *Le Tintamarre* du 8 février 1852, on souligne ainsi l'accueil triomphal accordé à *La Dame aux camélias* au théâtre : « Ce qui doit nous dispenser d'entrer dans la profondeur des détails de la charmante pièce de M. Alexandre Dumas fils, *La Dame aux camélias*, c'est l'ensemble d'éloges que la presse dramatique en a fait avant l'apparition de notre feuille ; c'est aussi le retentissement d'un éclatant succès, dont tout le monde s'occupe aujourd'hui. » *Le Ménestrel* ne tarit pas d'éloges lui non plus au sujet de la pièce : « Nous y voyons l'un des plus remarquables succès dramatiques que le vaudeville ait obtenu depuis longtemps. De la gaieté et des larmes, de la verve, de l'originalité, de l'esprit, et par-dessus tout, les situations les plus attachantes, telle est, en résumé, l'impression générale que l'on emporte de cette œuvre de M. Alexandre Dumas fils. » Dans *La Presse* du 10 février 1852, on rappelle l'histoire de la femme qui a inspiré Marguerite Gautier et on conclut par ces mots : « Ce qui fait le plus grand honneur au poète, c'est qu'il n'y a pas la moindre intrigue, la moindre surprise, la moindre complication dans ces cinq actes, d'un intérêt si vif pourtant. Quant à l'idée, elle est vieille comme l'amour, et éternellement jeune comme lui. Ce n'est pas une idée, à vrai dire, c'est un sentiment. »

Le succès de *La Dame aux camélias* et les qualités littéraires qui lui sont attribuées ne tardent pas à hisser Alexandre Dumas fils au rang de son père, auquel on commence à le comparer. Dans la Préface de l'édition de 1872 de *La Dame aux camélias*, l'écrivain et critique Jules Janin (1804-1874) parle du roman et de son auteur en ces termes : « Vous pensez si je fus étonné quand parut ce livre d'un intérêt si vif, et surtout d'une vérité toute récente et toute jeune, intitulé : *La Dame aux Camélias*. On en a parlé tout d'abord, comme on parle d'ordinaire des pages empreintes de l'émotion sincère de la jeunesse, et chacun se plaisait à dire que le fils d'Alexandre Dumas, à peine échappé du collège, marchait déjà d'un pas sûr à la trace brillante de son père. Il en avait la vivacité et l'émotion intérieure ; il en avait le style vif, rapide et avec un peu de ce dialogue si naturel, si facile et si varié. » Mais malgré le succès non démenti de *La Dame aux camélias* en littérature et, surtout, au théâtre, Alexandre Dumas fils ne fait pas l'unanimité parmi ses pairs, et fut notamment vivement critiqué par Émile Zola, qui dira de lui : « Je n'aime guère le talent de M. Alexandre Dumas fils. C'est un écrivain extrêmement surfait, de style médiocre et de conception rapetissée par les plus étranges théories. J'estime que la postérité lui sera dure. »

Au moment de la sortie de *La Dame aux camélias*, le thème de la courtisane amoureuse a déjà été traité par un certain nombre d'auteurs, dont certains ont plus ou moins directement influencé Dumas fils lors de l'écriture de son roman.

Avec *Manon de Lorme* (1831), Victor Hugo présente la première figure de courtisane dont les valeurs sont rehaussées par un amour sincère et désintéressé. Manon devra se prostituer pour sauver l'homme qu'elle aime, ce qui lui causera finalement de le perdre. Une comparaison peut s'effectuer entre les comportements d'Armand dans *La Dame aux camélias* et de Didier dans *Manon de Lorme*. En effet, les deux hommes, poussés par la jalousie, persécutent la femme qu'ils aiment et ont recours à des attaques humiliantes, seul paiement que recevront Marguerite et Manon pour leur sacrifice. Didier a cependant le temps de pardonner à Manon avant de mourir, alors qu'Armand ne se repend de sa jalousie qu'après la mort de Marguerite. C'est une autre différence entre les deux romans : dans *Manon de Lorme*, c'est la mort de Didier qui sépare les deux amants, alors que la situation est inversée dans *La Dame aux camélias*, accentuant la dimension tragique du personnage de Marguerite.

Le roman *Manon Lescaut* (1731) de l'Abbé Prévost est textuellement présent dans *La Dame aux camélias*. Il joue un rôle important puisque c'est ce livre qui réunit le narrateur et Armand Duval, permettant que l'histoire de *La Dame aux camélias* puisse être racontée. Un lien entre le personnage de Manon Lescaut et Marguerite Gautier est aussi fait explicitement par le narrateur : « Dans ces circonstances nouvelles, l'espèce de comparaison faite entre elle et Marguerite donnait pour moi un attrait inattendu à cette lecture, et mon indulgence s'augmenta de pitié, presque d'amour pour la pauvre fille à l'héritage de laquelle je devais ce volume. » Alexandre Dumas fils, en reconnaissant la ressemblance entre son héroïne et celle de l'Abbé Prévost, admet du même coup l'influence qu'a eue *Manon Lescaut* sur la rédaction de son roman. En effet, un certain nombre de similitudes sont à trouver entre l'intrigue de *Manon Lescaut* et celle de *La Dame aux camélias*. Les deux romans, d'abord, sont construits sur deux niveaux narratifs. Un narrateur à la première personne retranscrit fidèlement le récit que lui a fait un autre personnage de ses mésaventures. Le rapprochement entre le narrateur et ce personnage se fait de la même manière : à travers un acte de générosité. Il s'agit d'une somme d'argent dans *Manon Lescaut* et d'un livre dans *La Dame aux camélias*. La confession de l'amant est provoquée par un événement marquant : la mort de Manon chez Prévost, l'exhumation du cercueil de Marguerite chez Dumas fils.

Les deux romans semblent ainsi évoluer sur un même fil narratif, les péripéties de *La Dame aux camélias* suivant plus ou moins l'ordre de celles de *Manon Lescaut*. Les instants de bonheur vécus par Marguerite et Armand à la campagne sont aussi vécus par Manon et Des Grieux. Tandis que Manon se refuse à un prince italien, Marguerite rompt ses liens avec le duc. Et quand des Grieux attend un héritage de sa mère défunte, Armand songe à verser à Marguerite la rente qu'il tient de sa mère.

Les deux romans comportent cependant un certain nombre de différences, liées d'abord à l'aspect autobiographique de l'œuvre de Dumas fils, et ensuite à la volonté de l'auteur d'établir une réhabilitation de la représentation des courtisanes à travers son roman. C'est pourquoi dans *La Dame aux camélias*, c'est le personnage de Manon qui focalise l'attention du narrateur. Son amant n'est pas nommé et n'est évoqué qu'en tant que « l'homme qui l'aimait avec toutes les énergies de l'âme ». Les deux personnages d'amants sont aussi très différents l'un de l'autre. Alors que des Grieux, dans sa persévérance et sa détermination, montre un amour indéfectible envers Manon et de hautes valeurs morales, Armand, lui, est plus faible, et ses actes sont plus contestables. Par jalousie, il blesse plusieurs fois Marguerite, et fait preuve d'une cruauté injustifiée envers elle. Dans *La Dame aux camélias*, toute la noblesse amoureuse passe de l'homme à la femme. Marguerite est celle qui porte sur ses épaules toute la dignité et l'aura de supériorité de cette relation, des traits qui ne sont pas présents chez Manon.

La Dame aux camélias a fait l'objet d'une adaptation à l'opéra par Guiseppe Verdi (1813-1901) en 1853. La première représentation de ce drame en trois actes, dont le titre, *La Traviata*, signifie *La Dévoyée*, a lieu le 6 mars 1853 à la Fenice de Venise. Marguerite et Armand deviennent Violetta et Alfredo.

Verdi a composé son opéra juste après avoir assisté à une représentation théatral de *La Dame aux camélias*, dont il connaissait probablement déjà le roman. Le scénario est écrit en cinq jours et, dans une lettre datée de janvier 1853, Verdi explique : « Je monte *La Dame aux camélias* qui s'appellera peut-être *La Traviata*. C'est un sujet de notre temps. Quelqu'un d'autre n'en aurait peut-être pas voulu à cause des costumes, de l'époque et de mille autres objections bizarres, mais moi je le fais avec plaisir. » Contre l'avis du compositeur, l'action de l'opéra est transposée au XVIIIe siècle de manière à éviter la censure. La toute première représentation, affligée de problèmes de distribution et déstabilisant le public par un sujet non conventionnel à l'opéra, ne rencontre pas le succès escompté. Dès les représentations suivantes, cependant, et après quelques modifications apportées à l'œuvre par Verdi, *La Traviata* remporte un franc succès et sera dès lors jouée aux quatre coins du monde. Il faudra cependant attendre 1906 pour que l'opéra soit représenté dans les décors et les costumes de 1850, conformément aux souhaits du compositeur. *La Traviata* est devenue, depuis, l'une des œuvres les plus jouées dans les opéras à travers le monde.

LES THÈMES
PRINCIPAUX

Alexandre Dumas fils affirme lui-même l'authenticité de son histoire dès les premières lignes de *La Dame aux camélias* : « Mon avis est qu'on ne peut créer des personnages que lorsque l'on a beaucoup étudié les hommes, comme on ne peut parler une langue qu'à condition de l'avoir sérieusement apprise. N'ayant pas encore l'âge où l'on invente, je me contente de raconter. J'engage donc le lecteur à être convaincu de la réalité de cette histoire dont tous les personnages, à l'exception de l'héroïne, vivent encore. D'ailleurs, il y a à Paris des témoins de la plupart des faits que je recueille ici, et qui pourraient les confirmer, si mon témoignage ne suffisait pas. Par une circonstance particulière, seul je pouvais les écrire, car seul, j'ai été le confident des derniers détails, sans lesquels il eût été impossible de faire un récit intéressant et complet. »

La Dame aux camélias est en effet inspirée de la propre histoire d'amour que l'auteur a vécue avec la courtisane Alphonsine Marie Duplessis, de septembre 1844 à août 1845. Comme Marguerite Gautier, Marie Duplessis est morte jeune, à seulement vingt-trois ans, d'une maladie de poitrine. Trois mois après la mort de son ancienne amante, Alexandre Dumas s'isolait pour écrire, en trois semaines, La Dame aux camélias. Dans un texte publié en 1867, Dumas fils dresse le portrait de celle qui lui inspira Marguerite : « Elle fut une des dernières et des seules courtisanes qui eurent du cœur. C'est sans doute pour ce motif qu'elle est morte si jeune. Elle ne manquait ni d'esprit, ni de désintéressement. Elle a fini pauvre dans un appartement somptueux, saisi par ses créanciers. »

La première intention d'Alexandre Dumas fils à l'écriture de ce roman était donc celle d'adresser un hommage à une femme qu'il avait aimée, dans un récit à caractère en partie autobiographique.

L'auteur va cependant plus loin que la simple narration de faits qui lui sont arrivés. Son objectif, à travers ce roman, est de défendre le statut des femmes entretenues, souvent méprisées par la société bourgeoise. Dans *La Dame aux camélias*, Alexandre Dumas fils s'attache à dénoncer l'hypocrisie de la bourgeoisie parisienne, tout autant qu'il attire la pitié du lecteur sur la cruauté du rejet dont sont victimes les courtisanes. L'auteur invite à privilégier les sentiments sur les conventions à travers une histoire d'amour que la société bien pensante a jugée inconvenante en dépit de son caractère noble et sincère.

Des règles strictes imposées par la société aux classes bourgeoises semble résulter une opposition entre reconnaissance sociale et épanouissement individuel. En effet Armand, pour vivre heureux avec Marguerite, devrait perdre sa réputation et mettre en danger son futur dans la société. Marguerite, elle, devrait abandonner son train de vie luxueux et ses habitudes mondaines. Si tous deux sont prêts à ce sacrifice, le poids de la norme imposée à leurs statuts finit par les séparer. Cette autorité est symbolisée par M. Duval et son discours pragmatique, qui rappelle Marguerite à la réalité. La position de la sœur d'Armand, bientôt mariée à un homme de bonne réputation, rappelle la norme et ce qui est acceptable au XIXe siècle. Un mariage qui respecte les convenances est préféré à un amour sincère, mais scandaleux. Marguerite se sacrifie donc par obligation, l'autorité sociale représentée par M. Duval l'ayant rappelée à son statut de femme perdue.

Le XIXe siècle a fait de la courtisane une figure récurrente du roman romantique. Sa grande beauté physique est mise en avant, ainsi que ses qualités morales. Elle devient l'un des personnages le plus souvent repris, celui d'une fille perdue qui connaît enfin l'amour pur, mais qui doit se sacrifier pour lui. Victor Hugo (*Marion de Lorme*, 1831), Honoré de Balzac (*Splendeurs et misères des courtisanes*, 1838) ou encore

Émile Zola (*Nana*, 1879) ont tous dépeint leur grande figure de courtisane, qu'elle soit vertueuse ou insensible. Dans *La Dame aux camélias*, le personnage de Marguerite est empreint d'une dignité et d'un altruisme exceptionnels. Marguerite est avant tout une victime : elle se prostitue pour survivre et non pas par débauche. Criblée de dettes, elle n'a d'autre moyen d'accéder à un confort financier suffisant. Son amour pour Armand n'est pas vénal et sa rupture avec lui n'est pas causée par une préoccupation matérialiste. Son sacrifice est sincère et son abnégation lui fait accéder à une supériorité morale sur les autres personnages, notamment Armand lui-même, qui tombe dans la jalousie et a recours à toutes les bassesses pour blesser Marguerite.

Par cette grandeur conférée, Marguerite symbolise un idéal désigné comme exceptionnel par Dumas fils, mais qui a pour but d'ouvrir les yeux sur la vraie nature des courtisanes, capables d'aimer et de regagner un statut vertueux. Le parcours de Marguerite est celui d'une rédemption progressive, qui est complétée par sa fin tragique : la souffrance qu'elle endure lui confère un statut de martyre. Forcée d'oublier ses rêves de vie simple auprès d'Armand, elle doit renouer avec une vie de prostitution qu'elle ne supporte plus. Humiliée et insultée de nombreuses fois par Armand, elle meurt seule d'une maladie qui la détruit peu à peu.

Mais si la courtisane, chez Dumas fils, est victime de la société, elle l'est aussi de sa propre nature. Marguerite est en effet décrite comme frivole et dotée d'un goût excessif pour la fête et les sorties mondaines. Son attrait pour le luxe est ce qui la perd en l'endettant au point qu'elle se retrouve prisonnière de la vie qu'elle mène, tout comme son existence débridée est ce qui dégradera sa santé jusqu'à la tuer. Dans *La Dame aux camélias*, Marguerite est décrite comme une femme dont la nature même a fait d'elle une femme vouée à rechercher les plaisirs et les excès : « Une de ces natures ardentes qui répandent autour d'elles un parfum de volupté comme ces flacons d'Orient qui, si bien fermés qu'ils soient, laissent échapper le parfum de la liqueur qu'ils renferment. » Ainsi c'est la nature féminine qui est mise en cause dans *La Dame aux camélias*, tout autant que les conventions de la société. La femme sensuelle et qui cède à la faiblesse de la chair ne peut être associée à la femme chaste et pure destinée à devenir une épouse dévouée et socialement convenable. La première est toujours intéressée, infidèle et trompeuse. C'est ce que M. Duval résume par cette phrase : « Il n'y a de sentiments purs que chez les femmes entièrement chastes. » Armand aussi, aveuglé par la jalousie, reprendra cette idée selon laquelle les femmes comme Marguerite sont incapables d'un amour constant : « C'est une bonne fille, mais une fille et ce qu'elle m'a fait, je devais m'y attendre. » Alexandre Dumas fils veut soumettre l'idée que l'amour sincère permet de restaurer la vertu d'une « femme perdue ». L'amour de Marguerite pour Armand la transforme et fait presque d'elle une fille chaste et vertueuse, à nouveau.

Ainsi l'amour sincère purifie l'héroïne de *La Dame aux camélias*, et l'auteur tente une réhabilitation de ces femmes que la société juge corrompues de manière irrémédiable et à qui on refuse la chance de se racheter et d'accéder à une existence plus acceptable. Bien que conscient du caractère inconvenant de ses propos, Dumas fils s'apitoie explicitement sur le sort des courtisanes, à travers les mots de son narrateur : « Nous racontons un fait vrai que nous ferions peut-être mieux de taire, si nous ne croyions pas qu'il faut de temps en temps révéler les martyres de ces êtres que l'on condamne sans les entendre, que l'on méprise sans les juger [...] Cela paraîtra peut-être ridicule à bien des gens, mais j'ai une indulgence inépuisable pour les courtisanes, et je ne me donne même pas la peine de discuter cette indulgence. »

LE MOUVEMENT
LITTÉRAIRE

Apparu à la fin du XVIIIᵉ siècle en Angleterre et en Allemagne, avant de se répandre dans toute l'Europe, le romantisme est un mouvement littéraire qui encourage à centrer le roman sur l'expression des sentiments, sur les états d'âme des personnages principaux : leurs doutes, leurs regrets, leurs souffrances deviennent des thèmes principaux. Le romantisme se veut mélancolique et aborde des réflexions sur des sujets tels que le déchaînement des passions, la spiritualité et la mort. Il se défait des règles établies par la littérature classique et prône un style plus naturel. Le romantisme concerne à la fois le roman, la poésie et le théâtre. En France, on situe l'émergence de ce mouvement entre 1820 et 1850, mais il a influencé la littérature française pendant tout le XIXᵉ siècle. Si le romantisme trouva le succès au théâtre dans les années 1830, à travers le drame, c'est surtout dans le roman qu'il s'exprima avec le plus de force. Le XIXᵉ siècle a consacré ce mouvement en lui donnant ses spécificités et ses règles propres, grâce à l'investissement d'un certain nombre d'auteurs.

Le romantisme apparaît avant tout comme une réaffirmation du sentiment contre la raison. Le mot est utilisé pour la première fois en France par Jean-Jacques Rousseau, dans *Les Rêveries du promeneur solitaire* (1782). Il y décrit les rives du lac de Brenne comme étant « plus sauvages et romantiques que celles du lac de Genève ». C'est en Allemagne que le mouvement romantique trouve ses racines. Entre 1770 et 1780, le mouvement du *Sturm und Drang* (Tempête et Passion) exprime un sentiment de révolte contre la littérature des Lumières, centrée sur la raison et l'ordre des idées. Le *Sturm und Drang*, en opposition, prône l'importance du sentiment et de l'individu. L'art est dès lors perçu comme le lieu de la création débridée, libérée des codes.

Le romantisme est aussi une réponse aux bouleversements

qui eurent lieu en Europe au XIXᵉ siècle : à travers ce mouvement de libération de la conscience, on exprime son opposition aux régimes autoritaires et l'envie d'une société plus démocratique. En cela, la Révolution française joue un rôle déterminant : la libération du peuple exalte l'esprit romantique tout autant qu'elle met à mal la culture classique, perçue comme plus aristocratique. En France, le mouvement romantique s'amorce avec la publication des *Méditations poétiques* de Lamartine, en 1820. Une émergence plus tardive que dans les autres pays d'Europe, qui s'explique par la relation d'opposition du romantisme au mouvement classique. Or, la littérature classique domine la culture française depuis la Renaissance, et cet enracinement profond ne facilitera pas la tâche des romantiques. Ceux-ci devront livrer bataille pour s'affirmer comme un mouvement littéraire à part entière. Les bouleversements politiques du XIXᵉ siècle, avec la fondation de la Iᵉʳᵉ République puis le coup d'État de Napoléon III, renforcent l'élan romantique, qui se fait porte-parole de l'homme en tant qu'individu complexe, imparfait et dominé par ses sentiments. La société en pleine évolution semble appeler, du même coup, une révolution esthétique. Le déferlement révolutionnaire semble nécessiter une nouvelle peinture de l'homme, loin du héros classique parfait et lisse dominé par la raison. L'individu est désormais caractérisé par ses faiblesses autant que par ses forces, son esprit reflétant le chaos de la société moderne.

Le thème principal traité par le Romantisme, celui qu'il revendique et fait sien, est celui du sentiment. Le « moi » est placé au centre de l'intérêt et le roman se fait subjectif. En opposition aux classiques, les romantiques cherchent l'expression du réel, le portrait de l'individu tel que la société l'a formé. Cette spécificité supplante la recherche du beau idéal. Une fois encore, cette évolution des pensées peut s'expliquer par les crises révolutionnaires qui ont suscité chez le peuple une nouvelle conscience de soi, ainsi qu'une période de questionnements au sujet de sa place dans le monde. Le héros romantique montre alors un rapport complexe au monde et à la société, et le roman reflète ce sentiment de déséquilibre et de révolte. Le personnage romantique n'est pas destiné à servir de modèle à imiter, comme l'était le héros classique, il est le reflet de l'individu tel qu'il est. Généralement victime d'un destin malheureux, il est en proie à ses passions, en lutte contre lui-même ou contre la société qui l'entoure. Le romantisme se veut avant tout un « roman de l'âme ».

Le sentiment est aussi sentiment amoureux. Manifestation des passions par excellence, l'amour est opposé à la raison, il est souvent au cœur des intrigues des romantiques. La résolution de ce sentiment est souvent complexe, quasiment inatteignable. Souvent malheureux, l'amour plonge le héros dans la mélancolie, la peine et le repli sur soi. Le romantisme fait une place importante à la nature, source de réconfort et dont il fait souvent l'éloge par des descriptions longues et imagées. La nature est vue comme la manifestation du divin et de l'immensité. Lieu de repos et de méditations, elle est perçue comme un remède aux maux de la société. Ce goût de la contemplation et du détachement induit un attrait pour l'exotisme et l'évasion. Les auteurs romantiques, tels Nerval ou Lamartine, explorent les mystères de l'Orient ou de territoires étrangers, de même que ceux du passé moyenâgeux. Les auteurs cherchent un éloignement de la civilisation, un retour aux sources, tout autant que l'étrangeté des coutumes propre à stimuler leur imaginaire.

L'apparition du romantisme en France fut compliquée par les convictions politiques souvent opposées de ses auteurs. En effet, alors qu'ils doivent déjà faire face à la rivalité des classiques, unis autour de l'Académie française, les auteurs romantiques sont aussi divisés entre eux, certains prônant des idées conservatrices alors que d'autres sont plus libéraux. Ce clivage prend fin lorsque les chefs de file du romantisme, parmi lesquels Hugo, Lamartine, Musset ou encore Alfred de Vigny, décident de s'allier pour répondre aux classiques. Ces auteurs publieront une série de manifestes qui fixeront peu à peu les aspirations des romantiques. L'initiative porte ses fruits en 1830 avec le triomphe d'*Hernani* au théâtre, qui offre au romantisme ses lettres de noblesse.

L'écrivain romantique fait souvent corps avec son héros, en cela qu'il se décrit comme malheureux et solitaire, comme Gérard de Nerval dans ses poèmes. Pour les romantiques, l'écriture fait office de thérapie, elle est un moyen d'expression personnel et salvateur, tout autant qu'un outil de réflexion sur ce qui les entoure. L'année 1830 marque aussi les premiers troubles politiques, avec la chute de la seconde Restauration. Les auteurs romantiques affichent l'expression d'une inquiétude commune, et cette société en crise les pousse à s'intéresser au milieu social dans lequel ils vivent. Les auteurs romantiques développent alors une nouvelle vocation et affirment leur engagement politique et social. Dans *Des destinées de la poésie* (1834), Lamartine défend une poésie « qui doit suivre la pente des institutions de la presse ; qui doit se faire peuple, et devenir populaire comme la religion, la raison et la philosophie ». De la même manière, Hugo plaide pour une littérature à mission à la fois nationale, sociale et humaine. En 1842, George Sand évoque une poésie « prolétarienne ». Les auteurs romantiques, ancrés dans leur temps, sont aussi auteurs engagés prompts à dénoncer et à s'investir directement dans la société.

DANS LA MÊME COLLECTION
(par ordre alphabétique)

- **Chateaubriand**, *Atala*
- **Chateaubriand**, *René*
- **Chrétien de Troyes**, *Perceval*
- **Cocteau**, *Les Enfants terribles*
- **Colette**, *Le Blé en herbe*
- **Corneille**, *Le Cid*
- **Crébillon fils**, *Les Égarements du cœur et de l'esprit*
- **Defoe**, *Robinson Crusoé*
- **Dickens**, *Oliver Twist*
- **Du Bellay**, *Les Regrets*
- **Dumas**, *Henri III et sa cour*
- **Duras**, *L'Amant*
- **Duras**, *La Pluie d'été*
- **Duras**, *Un barrage contre le Pacifique*
- **Flaubert**, *Bouvard et Pécuchet*
- **Flaubert**, *L'Éducation sentimentale*
- **Flaubert**, *Madame Bovary*
- **Flaubert**, *Salammbô*
- **Gary**, *La Vie devant soi*
- **Giraudoux**, *Électre*
- **Giraudoux**, *La Guerre de Troie n'aura pas lieu*
- **Gogol**, *Le Mariage*
- **Homère**, *L'Odyssée*
- **Hugo**, *Hernani*
- **Hugo**, *Les Misérables*
- **Hugo**, *Notre-Dame de Paris*
- **Huxley**, *Le Meilleur des mondes*
- **Jaccottet**, *À la lumière d'hiver*
- **James**, *Une vie à Londres*
- **Jarry**, *Ubu roi*
- **Kafka**, *La Métamorphose*
- **Kerouac**, *Sur la route*
- **Kessel**, *Le Lion*

- **La Fayette**, *La Princesse de Clèves*
- **Le Clézio**, *Mondo et autres histoires*
- **Levi**, *Si c'est un homme*
- **London**, *Croc-Blanc*
- **London**, *L'Appel de la forêt*
- **Maupassant**, *Boule de suif*
- **Maupassant**, *La Maison Tellier*
- **Maupassant**, *Le Horla*
- **Maupassant**, *Une vie*
- **Molière**, *Amphitryon*
- **Molière**, *Dom Juan*
- **Molière**, *L'Avare*
- **Molière**, *Le Malade imaginaire*
- **Molière**, *Le Tartuffe*
- **Molière**, *Les Fourberies de Scapin*
- **Musset**, *Les Caprices de Marianne*
- **Musset**, *Lorenzaccio*
- **Musset**, *On ne badine pas avec l'amour*
- **Perec**, *La Disparition*
- **Perec**, *Les Choses*
- **Perrault**, *Contes*
- **Prévert**, *Paroles*
- **Prévost**, *Manon Lescaut*
- **Proust**, *À l'ombre des jeunes filles en fleurs*
- **Proust**, *Albertine disparue*
- **Proust**, *Du côté de chez Swann*
- **Proust**, *Le Côté de Guermantes*
- **Proust**, *Le Temps retrouvé*
- **Proust**, *Sodome et Gomorrhe*
- **Proust**, *Un amour de Swann*
- **Queneau**, *Exercices de style*
- **Quignard**, *Tous les matins du monde*
- **Rabelais**, *Gargantua*

- **Rabelais**, *Pantagruel*
- **Racine**, *Andromaque*
- **Racine**, *Bérénice*
- **Racine**, *Britannicus*
- **Racine**, *Phèdre*
- **Renard**, *Poil de carotte*
- **Rimbaud**, *Une saison en enfer*
- **Sagan**, *Bonjour tristesse*
- **Saint-Exupéry**, *Le Petit Prince*
- **Sand**, *Indiana*
- **Sarraute**, *Enfance*
- **Sarraute**, *Tropismes*
- **Sartre**, *Huis clos*
- **Sartre**, *La Nausée*
- **Sartre**, *Les Mots*
- **Senghor**, *La Belle histoire de Leuk-le-lièvre*
- **Shakespeare**, *Roméo et Juliette*
- **Steinbeck**, *Les Raisins de la colère*
- **Stendhal**, *La Chartreuse de Parme*
- **Stendhal**, *Le Rouge et le Noir*
- **Verlaine**, *Romances sans paroles*
- **Verne**, *Une ville flottante*
- **Verne**, *Voyage au centre de la Terre*
- **Vian**, *J'irai cracher sur vos tombes*
- **Vian**, *L'Arrache-cœur*
- **Vian**, *L'Écume des jours*
- **Voltaire**, *Candide*
- **Voltaire**, *Micromégas*
- **Zola**, *Au Bonheur des Dames*
- **Zola**, *Germinal*
- **Zola**, *L'Argent*
- **Zola**, *L'Assommoir*
- **Zola**, *La Bête humaine*